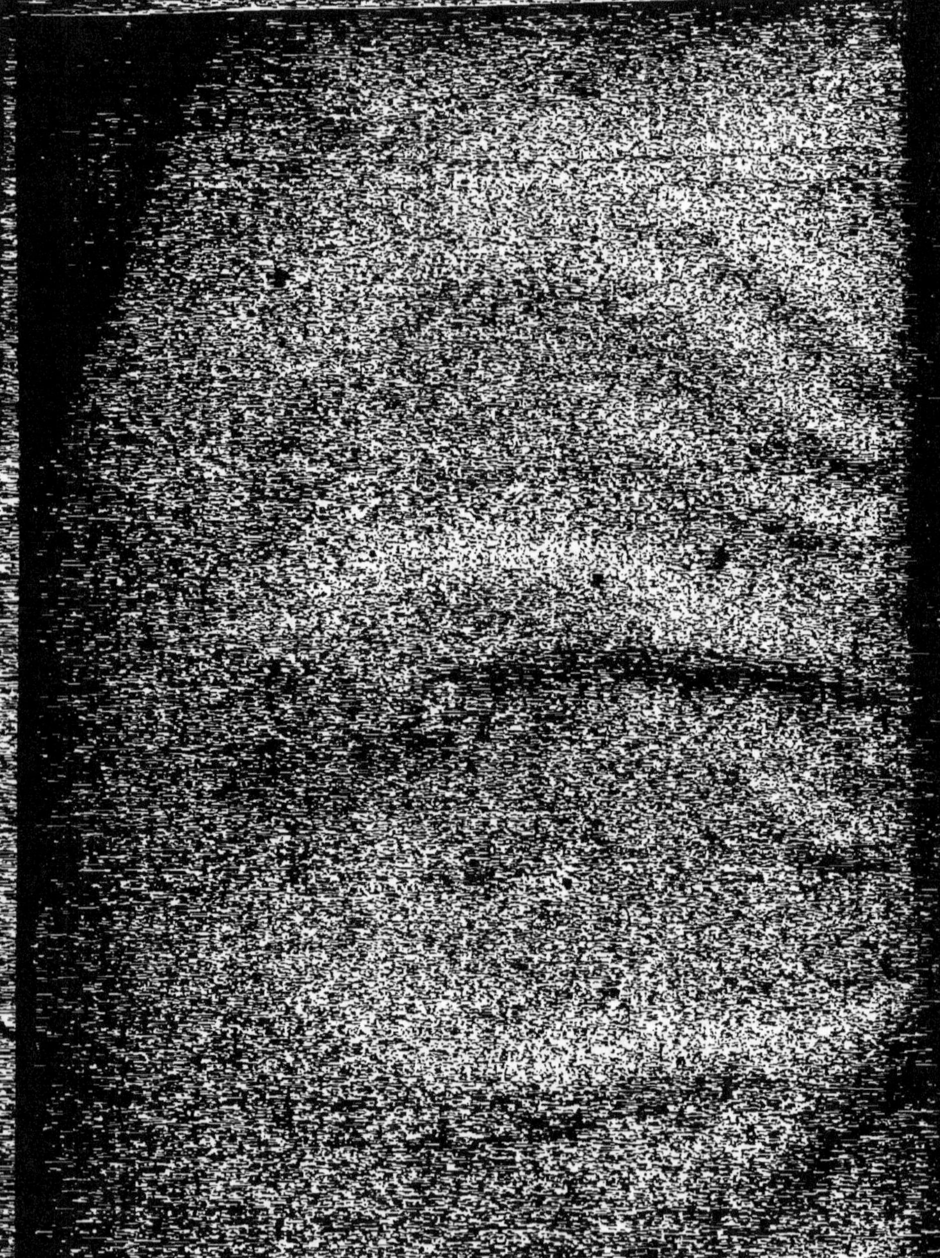

DE LA CAVALERIE

DANS LE SERVICE

DE SURETÉ STRATÉGIQUE

DE LA CAVALERIE

DANS LE SERVICE

DE SURETÉ STRATÉGIQUE

PAR

N. PAJOL

LIEUTENANT D'ÉTAT-MAJOR

PARIS

CH. TANERA, ÉDITEUR

LIBRAIRIE POUR L'ART MILITAIRE ET LES SCIENCES

Rue de Savoie, 6

1874

DE LA CAVALERIE

DANS LE SERVICE

DE SURETÉ STRATÉGIQUE

Il devient chaque jour plus important d'étudier la cavalerie, au point de vue du rôle spécial que cette arme est appelée à jouer dans le service de sûreté, dit stratégique. A cet effet, il y a lieu d'envisager d'abord le but que l'on se propose dans la création de ces divisions indépendantes destinées à devenir les yeux de l'armée, et un utile auxiliaire du commandement. Il sera ensuite nécessaire de déterminer le front qu'une division peut efficacement couvrir et éclairer; la distance à laquelle elle doit devancer l'armée; les systèmes à employer pour en échelonner les diverses unités, et leur permettre de prendre, sans le quitter, le contact de l'ennemi. Enfin, viendront des indications sur la force de ces groupes précédant le *gros* des divisions, sur les consignes à leur donner pour concourir au service commun, c'est-à-dire *éclairer*, et sur l'appui que ces divisions indépendantes sont appelées à donner à la cavalerie divisionnaire au moment de l'attaque.

Les opérations d'une armée sont intimement liées à celles de l'ennemi, dans l'offensive comme dans la défensive ; les mouvements de l'un entraîne les mouvements de l'autre, et si la victoire est au plus fort, souvent la force est au mieux renseigné.

Il est donc indispensable de savoir aussi *exactement* et aussi *rapidement* que possible ce qui se passe chez l'ennemi.

Les événements de la dernière guerre ont prouvé surabondamment que si désormais la cavalerie, employée en grandes masses, a peu de chances de succès, elle n'en a pas moins un rôle des plus importants à remplir, pour éclairer l'armée, veiller à sa sûreté, escorter les convois, détruire les chemins de fer et les télégraphes du pays ennemi, achever enfin et compléter la victoire. Rôle considérable, maintenant surtout que le succès dépend de la promptitude des décisions, de la rapidité des opérations, quand la perte d'un jour, d'une heure même est souvent suivie des plus graves conséquences ; que d'innombrables armées manœuvrent sur des lignes si multiples, où une multitude de chemins de fer et un vaste réseau de lignes télégraphiques permettent de si rapides concentrations, et enfin où les plus grandes chances de succès, on peut le dire, sont entre les mains du chef qui sait faire un habile emploi de sa cavalerie.

But que l'on se propose dans la création de ces divisions indépendantes attachées aux armées. — Les divisions indépendantes, exclusivement composées de cavalerie légère, doivent former un réseau impénétrable derrière lequel s'exécutent, à l'abri, les marches stratégiques des corps d'armée.

Leur principal but est de prendre le contact de l'ennemi, de le suivre pas à pas, de tenir le commandement incessamment au courant des dispositions prises par l'adversaire, de se renseigner sur la situation et la force de ses troupes. Développant au loin leurs antennes vers cet adversaire, elles doivent, tout en observant, chercher à intercepter ses communications, couper ses chemins de fer et ses lignes télégraphiques, et le priver ainsi des immenses ressources qu'elles offrent pour la concentration de ses forces, le transport des convois de toute nature, la transmission des ordres, etc.

La critique moderne peut, sans doute, avoir le droit d'attaquer l'arme de la cavalerie dans le rôle efficace qu'elle doit jouer actuellement dans les batailles et les combats ; les perfectionnements des armes à feu ont eu pour conséquence naturelle de profonds changements dans la tactique ; aussi la guerre actuelle est-elle venue prouver que les batailles ne seront plus, comme autrefois, gagnées par une charge brillante ; mais qu'est-ce que les batailles et les combats, quand on considère la durée d'une campagne entière ? Ce sont de courts instants que précèdent et auxquels succèdent de longues et pénibles journées, de dures et cruelles nuits. Durant ces éternels espaces de temps, quelle est l'arme chargée de protéger les autres des attaques imprévues en leur procurant repos et tranquillité, lorsqu'elles campent ou sont en marche ? Qui peut, au plus vite, fournir sur la situation et les desseins de l'ennemi, des renseignements sûrs et précis, pour interdire à l'adversaire l'approche du camp et le tromper sur les projets ultérieurs ? Qui doit, au loin, lever des réquisitions, inquiéter l'ennemi sur ses flancs et ses derrières ? Lors d'un siège à faire, quelle est l'arme chargée de compléter, de resserrer l'investissement ? Qui doit devancer les colonnes en nature du terrain qui, variant à chaque pas, doit forcément y apporter de singulières modifications. Aussi ce chiffre n'est-il fixé que d'une façon tout à fait générale, en le pré-

marche, éclairer leurs flancs en les rendant invisibles? Qui doit porter l'effroi en pays ennemi, et paralyser les ressources du défenseur? Quelle arme enfin, si ce n'est la cavalerie bien instruite, bien montée, bien commandée et surtout bien employée?

Pour arriver à ces résultats, on veut, et avec raison, attacher à chaque armée une division indépendante, exclusivement composée de cavalerie légère, qui relèvera directement du général en chef. Cette division dont aucun service spécial n'aura rien distrait, présentera une force de 2,300 chevaux environ, et formera assurément un corps suffisant et capable de grands efforts. En aucune circonstance, du reste, on n'a vu en action, dans la dernière guerre, une plus grande quantité de cavalerie. Les Prussiens ont appliqué contre nous les principes qu'ils nous avaient pris, sachons revenir à notre ancien système, en faisant nos efforts, s'il est possible pour le perfectionner.

Front que peut couvrir une telle division. — L'armée se composant, par exemple, de ses trois corps d'armée constitués d'après les bases déterminées par le décret du 28 septembre 1873, comprendra six divisions d'infanterie . .   60,000 h.

Chaque division a de plus un bataillon de chasseurs de 900 hommes.   5,400

L'artillerie, huit régiments à 2,000 hommes .   16,000

Le génie, un régiment à   2,500

Le train et l'administration.   2,500

En ajoutant la cavalerie divisionnaire formée d'une brigade par corps d'armée, soit six brigades ou.   3,450

On aura un total de . . . .   89,850 h.
constituant la partie absolument active, c'est-à-dire l'armée en opération. La division de cavalerie indépendante doit

éclairer et protéger. Cette armée, arrivée dans la zone de son action stratégique occupera un espace de territoire qu'on peut apprécier; c'est cet espace que le général en chef doit faire reconnaître, éclairer.

Il n'est pas possible que l'espace ainsi occupé s'étende à plus de 50 kilomètres, sous peine de voir une ligne mince, facile à briser, dont les éléments ne seraient jamais assez rapprochés pour se soutenir mutuellement.

En supposant les trois corps d'armée en marche sur leurs lignes stratégiques, la division d'éclaireurs doit protéger, assurer et éclairer leurs mouvements. Son service spécial sera, tout en reconnaissant le front, de garantir surtout et déborder les flancs, de manière à éviter toute surprise; dans le cas où l'ennemi tenterait un mouvement tournant. Elle devra donc couvrir un espace plus considérable que la sphère d'action dans laquelle se meut l'armée et l'arc de cercle suivant lequel elle se développera devra être, pour ainsi dire, excentrique à celui formé par les diverses têtes de colonne. L'étendue de 50 kilomètres serait donc insuffisante, car le commandement ne se trouverait pas assez renseigné sur les mouvements que l'ennemi pourrait tenter sur les ailes; la division devra étendre d'avantage son réseau de surveillance, en débordant environ de 10 kilomètres, à droite et à gauche, le terrain sur lequel l'armée opère ses marches stratégiques. En se rapportant au chiffre ci-dessus, on en déduit que la division devra couvrir un espace de 70 kilomètres. Cette étendue paraît gigantesque à première vue; si l'on veut cependant se rapporter au croquis ci-joint, on verra qu'avec des dispositions habilement conçues, une division de cavalerie forte de 9,000 chevaux est à même de surveiller efficacement un tel front, tout en couvrant, comme d'un voile impénétrable, les opérations et mouvements de l'armée. Ces données ne peuvent être absolues; elles se lient intimement à la

sentant comme un maximum, mais en répétant encore que les divers accidents du sol, la nature du pays, le nombre ou le degré d'entretien des voies de communication qui le sillonnent, peuvent sensiblement le restreindre.

A quelle distance la division doit-elle devancer l'armée? — La division de cavalerie, marchant en avant du centre de l'armée, la précédera d'une journée ou journée et demie de marche (7 à 10 lieues environ). Puis, séparant ses forces et dispersant en partie ses nombreux éléments, elle les disposera de manière à-établir un système général de sûreté qui présentera, en grand, la forme plus ou moins régulière d'un secteur; à l'aide de cet immense éventail, l'armée se trouvera éclairée sur un espace de 70 kilomètres et à une distance de 18 ou 19 lieues environ.

Développement et exposé du système de sûreté. — Pour expliquer la façon dont est établi ce réseau de sûreté, il faut supposer que la division est normalement composée, c'est-à-dire formée de deux brigades à deux régiments chacune; chaque régiment a quatre escadrons, sous les ordres de leurs chefs respectifs, et, pour mieux fixer les idées, on présentera d'abord le système au repos; puis, la méthode une fois développée, on mettra tout l'ensemble en mouvement.

La division serrée en masse, a-t-on dit, s'est portée à 30 kilomètres environ en avant du centre de l'armée. Lorsqu'elle a atteint un point important, nœud, autant que possible, de nombreuses communications, elle fait halte. Le dernier régiment y prend position et fait en sorte de cantonner : il devient le *gros* et va jouer le rôle de réserve principale. Le général commandant la division établit, près de ce régiment, son quartier général, et donne ordre aux trois pre-

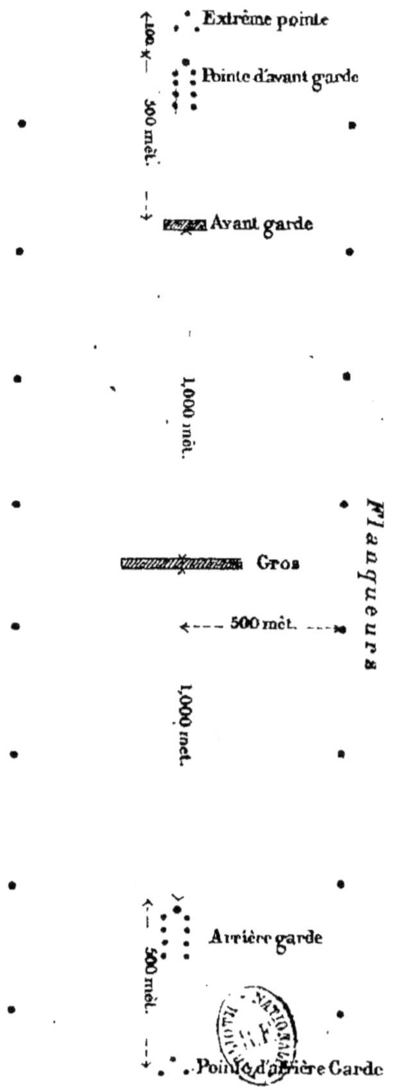

Extrême pointe

Pointe d'avant garde

Avant garde

Flanqueurs

Gros

Arrière garde

Pointe d'arrière Garde

100 mèt.

500 mèt.

1,000 mèt.

500 mèt.

1,000 mèt.

500 mèt.

miers régiments de se porter en trois colonnes de reconnaissance sur les routes principales qui sillonnent le terrain à explorer. Le régiment marchant sur la ligne du centre arrivé à 15 kilomètres du gros et ceux des ailes à 20 kilomètres s'arrêtent; deux escadrons de chaque régiment, placés sous les ordres de leur colonel respectif et du général commandant la brigade, deviennent alors les soutiens des deux autres escadrons, qui continuent leur marche en avant, jusqu'à 15 kilomètres de distance environ.

Dispositions prises par une troupe chargée du service de reconnaissance. — Le moment est venu d'indiquer comment doit marcher un escadron chargé du service de reconnaissance.

L'escadron au complet, c'est-à-dire formé de quatre pelotons à douze files. Trois de ces pelotons forment le *gros* de la troupe ; le quatrième, détaché à 1,000 mètres en avant, constitue l'avant-garde, que précède à 500 mètres une pointe d'avant-garde, composée de 8 cavaliers, sous les ordres d'un maréchal des logis. Cette pointe d'avant-garde fait marcher à 100 mètres en avant d'elle un brigadier et deux hommes qui sont l'extrême pointe.

A 1,000 mètres en arrière du gros marche l'arrière-garde, composée d'un maréchal des logis et 8 cavaliers pris dans le *gros*. Cette arrière-garde détache à 500 mètres plus en arrière une pointe d'arrière-garde formée d'un brigadier et deux cavaliers. A 500 mètres environ sur les flancs sont répartis des cavaliers pris dans le *gros* pour assurer le service dit de *flanqueurs* et protéger la marche du détachement.

Arrivée à l'embranchement de plusieurs routes, l'extrême pointe d'avant-garde s'arrête ; les deux cavaliers partant au galop dans les diverses directions parcourent 5 ou 600 mètres à cette allure, reconnaissent et reviennent du même train rendre compte de leurs observations au brigadier qui a fait halte au carrefour. Si aucun fait important n'a été signalé, on se remet en mouvement; dans le cas contraire, le brigadier envoie prévenir son maréchal des logis et attend ses ordres. Pour ne pas fatiguer inutilement et épuiser les mêmes chevaux, le brigadier et les deux cavaliers de pointe d'avant-garde seront remplacés, heure par heure, par le peloton d'avant-garde, qui sera lui-même relevé de quatre en quatre heures. De cette manière, tous les chevaux de l'escadron de reconnaissance auront, à la fin de la journée, fourni le même travail.

A l'approche d'un village, on redoublera de précautions et la troupe ne s'y engagera qu'après qu'il aura été scrupuleusement fouillé par la pointe d'avant-garde.

A cet effet, les cavaliers parcourront la localité à bride abattue, suivant ses principales directions, et s'arrêteront à leur extrémité; le maréchal des logis se tiendra à l'entrée; dans le cas où les éclaireurs, dans leur course, auraient en conscience de la présence de l'ennemi, ils auront soin, en prenant des chemins extérieurs, d'en venir donner avis.

Toutes les fois que cela sera possible, une colonne évitera de traverser les bois; elle fera en sorte de les tourner à l'extérieur. Cependant, avant de passer outre, on les fera minutieusement fouiller, pour se préserver des embuscades que l'ennemi aurait pu y tendre. Pour un bois de petite étendue, et qu'on est contraint de traverser, il faudra toujours en faire éclairer les côtés extérieurs.

Ces dispositions et précautions générales, qui devront être prises par toute colonne d'éclaireurs (régiment, escadron ou peloton), devront toutefois se modifier en raison de la force du détachement et eu égard également à la nature du terrain sur lequel on opère.

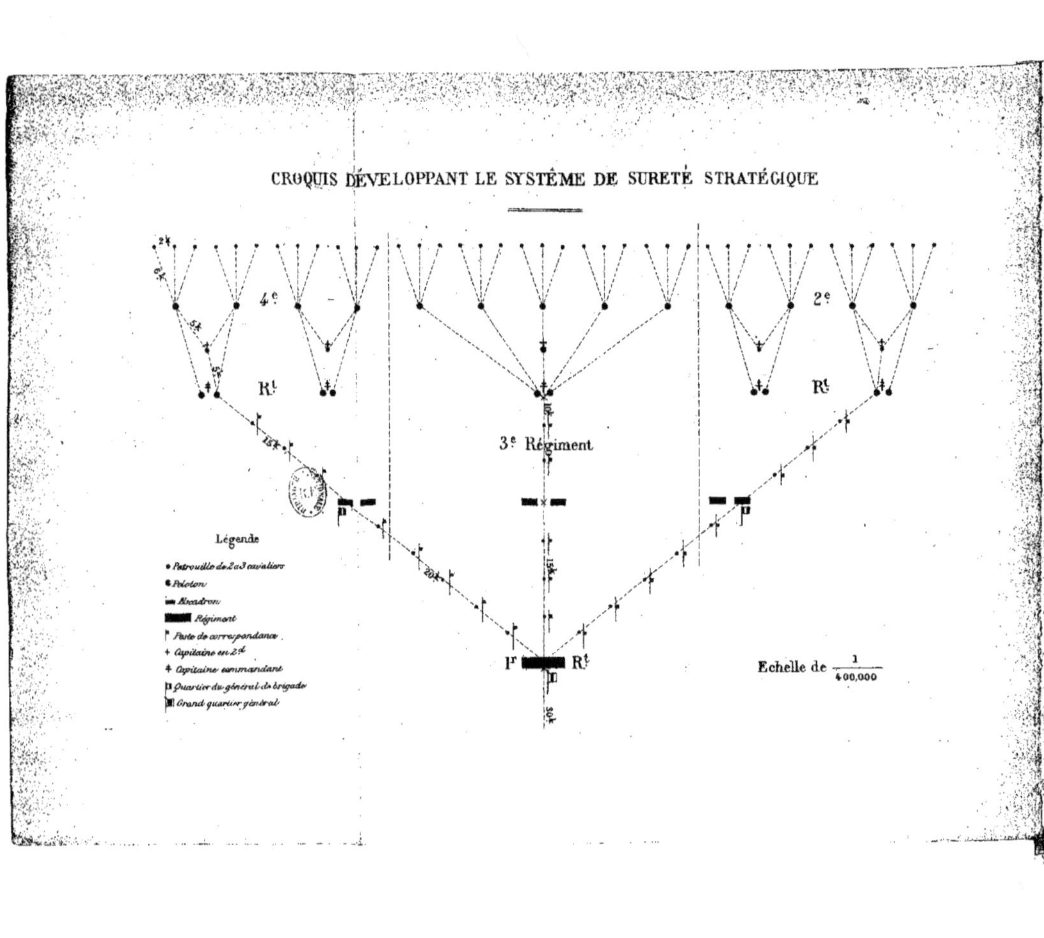

CROQUIS DÉVELOPPANT LE SYSTÈME DE SURETÉ STRATÉGIQUE
4 e
2 e
R!
R!
3 e Régiment
I r R!
Légende
Patrouille de 2 à 3 cavaliers
Peloton
Escadron
Régiment
Poste de correspondance
Capitaine en 2d
Capitaine commandant
Quartier du général de brigade
Grand quartier général
Echelle de 1 / 400,000

Après cet exposé, il faut revenir au développement du système général de surveillance. Deux escadrons de chaque régiment ont été postés à 15 kilomètres des deux autres destinés à leur servir de soutien et d'appui. Les deux escadrons des régiments de ailes, ayant suivi des directions différentes et étant arrivés à cette distance, détachent chacun deux pelotons; les deux autres restent sous les ordres du capitaine commandant pour appuyer, en cas urgent, les mouvements des premiers. Le capitaine en second s'établit, avec un petit poste, à 5 kilomètres des pelotons de soutien pour servir de trait d'union entre la réserve et les deux autres pelotons, qui s'avancent à 5 kilomètres plus loin. Ces derniers sont chargés de fournir des patrouilles fortes de 2 ou 3 cavaliers au plus qui, poussant jusqu'à 6 kilomètres, sont destinées à surveiller chacune un espace horizontal de 2 kilomètres environ et prendre le contact de l'ennemi, à moins de nécessités contraires indiquées par le général en chef.

C'est à dessein que sur les ailes l'intervalle de surveillance affecté à chaque patrouille devra être resserré et les diverses troupes de soutien doublées, afin d'enlever au commandement la crainte de voir l'ennemi exécuter un mouvement tournant ou opérer une marche de flanc. Pour les deux escadrons chargés de couvrir le centre, des dispositions presque analogues devront être prises, sauf que la troupe de soutien se composera de deux pelotons seulement, qu'un peloton sera placé sous les ordres du capitaine en second à 5 kilomètres de ces derniers, et que cinq pelotons seront portés à 5 kilomètres plus loin, devant fournir, à leur tour, des patrouilles lancées à 6 kilomètres et chargées, à l'imitation de celles des ailes, d'établir un réseau de surveillance sur tout le terrain environnant.

Dispositions réglant le service. — Chaque peloton est composé de 24 hommes et astreint à fournir, durant vingt-quatre heures, trois patrouilles fortes de deux cavaliers chacune pendant la journée et de trois pendant la nuit : aussi le service devra-t-il être assuré de la façon suivante. Dès l'aube les trois premières patrouilles partiront et parcourront dans tous les sens leurs 2 kilomètres, poussant des pointes audacieuses de tous les côtés, de manière à reconnaître et observer; quatre heures après, elles seront relevées par les deuxièmes; et le service se renouvellera ainsi de quatre heures en quatre heures pour se continuer jusqu'à la tombée de la nuit. Au coucher du soleil les patrouilles seront composées de trois cavaliers au lieu de deux, et relevées de trois en trois heures. Évidemment la fatigue sera grande pour ces pelotons; les cavaliers seront employés jour et nuit, mais la durée de ce service ne dépassera pas vingt-quatre heures, les pelotons étant relevés chaque jour par ceux appartenant aux escadrons de soutien. On s'arrangera, en outre, pour que les patrouilles, qui ont marché le matin, aient du repos pendant le reste de la journée.

D'après ces dispositions, la zone de terrain à éclairer se trouvera suffisamment surveillée et à l'abri de toute surprise de l'ennemi. Il reste maintenant à étudier une des branches les plus essentielles de ce service de sûreté, la transmission rapide et sûre des renseignements que peuvent recueillir les patrouilles ou éclaireurs; car c'est là l'avantage le plus sérieux de ces divisions indépendantes, qui doivent aviser, à tout moment, le commandement de la situation et des mouvements de l'ennemi.

Réseau de correspondance. — Pour atteindre ce but, il est indispensable que les divers éléments du système de reconnaissance se relient par un réseau de correspondance. Le dispositif de ce réseau variera quelque peu, suivant que le *gros* de la division en reconnaissance sera arrêté ou en marche ; mais, en général, il sera formé d'une succession de petits postes, dits *postes de correspondance*, forts chacun de trois cavaliers et distants les uns des autres de 4 ou 5 kilomètres environ. Leur emplacement sera choisi sur les routes, en des lieux bien fixés sur la carte et faciles à reconnaître, à l'entrée ou à la sortie des villages, par exemple, à un pont, à une ferme ou en tout autre endroit qui soit nominativement mentionné sur les cartes.

Les cavaliers, attachés à chaque poste, doivent parfaitement connaître la situation des postes voisins, ainsi que les chemins y conduisant. Les postes de correspondance, se trouvant à 4 ou 5 kilomètres les uns des autres, la distance peut être entièrement parcourue au trot allongé ou au galop.

Le service doit y être assuré de la façon suivante : sur les trois cavaliers qui forment le poste, il y en a toujours un prêt à monter à cheval, les deux autres tiennent leurs chevaux sellés, mais débridés. Dès qu'un exprès des postes voisins arrive, le cavalier à marcher saute en selle, prend les dépêches et part au trot ou au galop pour les transmettre plus loin. Celui qui les a apportées, après avoir laissé souffler son cheval, s'en retourne porteur des dépêches qui, pendant son court séjour, seraient venues en sens inverse. Lorsqu'un cavalier ne trouve personne au poste où il doit remettre son paquet, il doit pousser jusqu'au poste suivant, à l'allure qui est toujours indiquée sur l'enveloppe même de sa dépêche.

De chaque escadron en reconnaissance part une de ces lignes de petits postes, pour aboutir au point où se trouve le commandant du corps de cavalerie. Les colonnes d'escadron se tiennent elles-mêmes en rapport entre elles par de petites patrouilles et des postes intermédiaires. Enfin, le général commandant la division communique avec le grand quartier

général, soit à l'aide de lignes télégraphiques, soit à l'aide
de postes de correspondance, établis de 10 en 10 kilomètres,
par exemple.

Les envois de rapports peuvent se régler comme suit : les
divers commandants des escadrons en reconnaissance en-
voient, de quatre en quatre heures le jour et de trois en trois
heures la nuit, à leur colonel, les rapports sur les faits inté-
ressants qui ont pu se passer, et qui leur ont été transmis
par les patrouilles chargées d'explorer le terrain ; et indé-
pendamment de ces rapports ordinaires, toutes les fois que
les commandants d'escadron reçoivent des renseignements
importants sur la présence ou les mouvements de l'ennemi,
ils les adressent immédiatement au colonel par un rapport
extraordinaire, qui devra toujours mentionner le point où se
trouve l'escadron et les directions dans lesquelles il a envoyé des patrouilles. Au moyen des postes de correspondance, les rapports ordinaires et extraordinaires sont ensuite
transmis rapidement aux généraux de brigade et de division
et au général en chef. Le commandement se trouvera ainsi
instruit, en deux heures ou deux heures et demie, des événements importants qui auraient été signalés par les patrouilles
d'éclaireurs, et il pourra modifier, grâce à ces renseignements, la marche ou les dispositions des troupes.

Ordres donnés. — Le général commandant la division re-
çoit, au moment de la mise en marche, des ordres précis du
général commandant l'armée sur la zone de terrain qu'il doit
couvrir et éclairer ; devant posséder la confiance pleine et
entière du général en chef, il est renseigné sur ses projets
ultérieurs, et connaît donc le but que l'on se propose, et
après étude, soumet au commandement les dispositions qu'il
juge convenables de faire prendre aux divers éléments de la
troupe qu'il commande. Arrivé à 30 kilomètres du centre de

l'armée, il réunit ses généraux et colonels et détaille à chacun d'eux le rôle qu'il est appelé à jouer, insistant sur les points importants à surveiller, les lignes de communication à occuper, les voies ferrées ou ouvrages d'art à conserver ou détruire, etc.

Prenant l'avis de ces officiers, il désigne et spécifie sur la carte les emplacements que doivent occuper les nombreuses unités qui forment la division, indique la force et la composition des diverses troupes de soutien, la distance à laquelle doivent se porter les escadrons de reconnaissance, le but que chacun d'eux doit se proposer, ainsi que la zone de terrain qu'il doit éclairer, les lieux où doivent être placés les postes de correspondance. Il s'assure enfin que chaque officier est muni d'une bonne carte topographique du pays, et chaque sous-officier d'un croquis imprimé, indiquant simplement la planimétrie du terrain, et sur lequel seront lisiblement mentionnés les noms des divers villages, rivières, points importants, etc.

Les ordres donnés, les colonnes se remettent en mouvement, répartissant leurs unités de surveillance, ainsi que nous l'avons indiqué ci-dessus. Durant le cours des opérations, le général commandant la division, d'après les avis reçus du grand quartier général, modifie, étend ou restreint le réseau de sécurité formé par ses troupes. Le service de reconnaissance doit, pour atteindre son but, être conduit et exécuté avec promptitude, et les troupes, surtout celles qui sont en tête, prennent le plus souvent les allures rapides ; ce service est donc très-fatiguant, surtout quand on en vient au contact avec l'ennemi. Il appartient dès lors au jugement et à l'appréciation des commandants des escadrons de voir s'il ne convient pas de relever plus souvent qu'il n'a été indiqué, les partis envoyés en reconnaissance, et au colonel il appartient de juger quand on doit remplacer les escadrons en reconnaissance par d'autres escadrons du *gros*.

Les pelotons fournissant les patrouilles d'éclaireurs pourront être relevés toutes les vingt-quatre heures, par les escadrons leur servant de soutien, eu égard au service dur et pénible qu'ils auront à faire pendant cette période de temps; peut-être conviendra-t-il aussi de changer les escadrons tous les deux jours, en les renforçant, au besoin, par quelques détachements envoyés du dehors.

Reconnaître la présence de l'ennemi. — La mission dévolue à la division indépendante n'étant pas de combattre, mais d'obtenir des renseignements, elle devra, en général, éviter de s'engager plus qu'il ne faut. Il peut arriver toutefois que, l'ennemi se présentant du côté des petites patrouilles de reconnaissance, le commandement ait besoin d'être exactement renseigné sur la position qu'il occupe, la force et la situation de ses troupes ; dans ce cas, il devient nécessaire de prendre l'offensive. Le général commandant la division resserre aussitôt son système de reconnaissances, se porte en avant avec le régiment de soutien, et donne l'ordre à plusieurs escadrons d'user d'abord de ruse en cherchant à s'approcher de l'ennemi, puis, une fois découverts, de déchirer sur plusieurs points le rideau formé par la cavalerie ennemie. Les escadrons chargés d'exécuter ces attaques devront approcher l'ennemi le plus près possible sans être vus, mais, une fois reconnus, agir avec vigueur et promptitude, sans combattre plus qu'il n'est nécessaire, et se repliant ensuite avec rapidité, aussitôt le but atteint.

Appui donné par la division à la cavalerie divisionnaire. — Si l'ennemi, voulant préparer une attaque et se débarrasser de ce cercle importun d'observation, détache de fortes colonnes de reconnaissance, le général commandant la divi-

sion doit commencer par faire tous ses efforts pour les re-
pousser, en soutenant vigoureusement les points attaqués.
S'il ne se trouve pas suffisamment fort, il doit immédiatement en donner avis au commandement et se replier avec
ordre et lenteur, de manière à retarder le plus possible la
marche en avant de l'ennemi ; les divers éléments se retirent
sur leurs soutiens respectifs, et la division, une fois réunie,
dégage le terrain et passe dans les intervalles des corps
d'armée.

Elle a achevé son rôle d'éclaireurs et va être appelée à
seconder la cavalerie divisionnaire. Pendant l'attaque, tenue
en réserve, elle attendra le moment de la poursuite. Alors
elle s'élancera, ne laissant plus à l'ennemi en fuite le temps
de respirer ; elle menacera ses flancs, précipitera sa marche
pour lui couper la retraite et s'emparer des positions où il
pourrait tenter une nouvelle résistance, lui enlèvera enfin
ses dernières espérances. Lorsque l'ennemi, au contraire,
aura le dessus, elle couvrira la retraite de son armée, en
cherchant, par tous les moyens possibles, à retarder la marche de l'adversaire, unissant encore ses efforts à la cavalerie
divisionnaire.

*Comment la division subviendra-t-elle à ses besoins de
vivres et fourrages ?* — La dernière question à envisager
pour compléter cette étude est celle de savoir comment cette
division indépendante assurera le service des vivres et fourrages. Lancée au loin, dans un pays qu'elle a pour mission
d'explorer, disséminée en petits éléments sur une aussi
grande étendue, elle ne devra pas attendre de l'administration générale de l'armée les denrées qui lui sont nécessaires.
Le seul moyen pratique consisterait dans la réquisition pure
et simple. A cet effet, chaque commandant d'escadron envoyé
en reconnaissance établirait, d'après l'effectif de ses hommes

et de ses chevaux, au titre du régiment et sous sa responsabilité personnelle, des bons revêtus de sa signature, lisiblement écrite. Ces bons seraient donnés par les chefs des divers détachements, aux autorités civiles, en échange des vivres ou fourrages fournis par les localités.

Les maires rassembleraient ces bons, dont le payement aurait lieu, sur présentation, à l'intendance de l'armée. Celle-ci, à son tour, établissant la balance entre les chiffres des denrées perçues et les effectifs portés sur les situations, jugerait des sommes à imputer au commandant de l'escadron, dans le cas où un trop-perçu ressortirait de la feuille de liquidation. Ainsi on n'aurait pas à craindre de voir les convois surpris par l'ennemi, et les troupes seraient sûres de ne jamais manquer de vivres ou de fourrages.

Des tarifs établis d'après les mercuriales de la contrée fixeraient le prix des denrées.

Cet exposé fait ressortir le rôle que la cavalerie a toujours été appelée à jouer, et les services que cette arme, justement et habilement employée, peut rendre dans le service de sûreté stratégique.

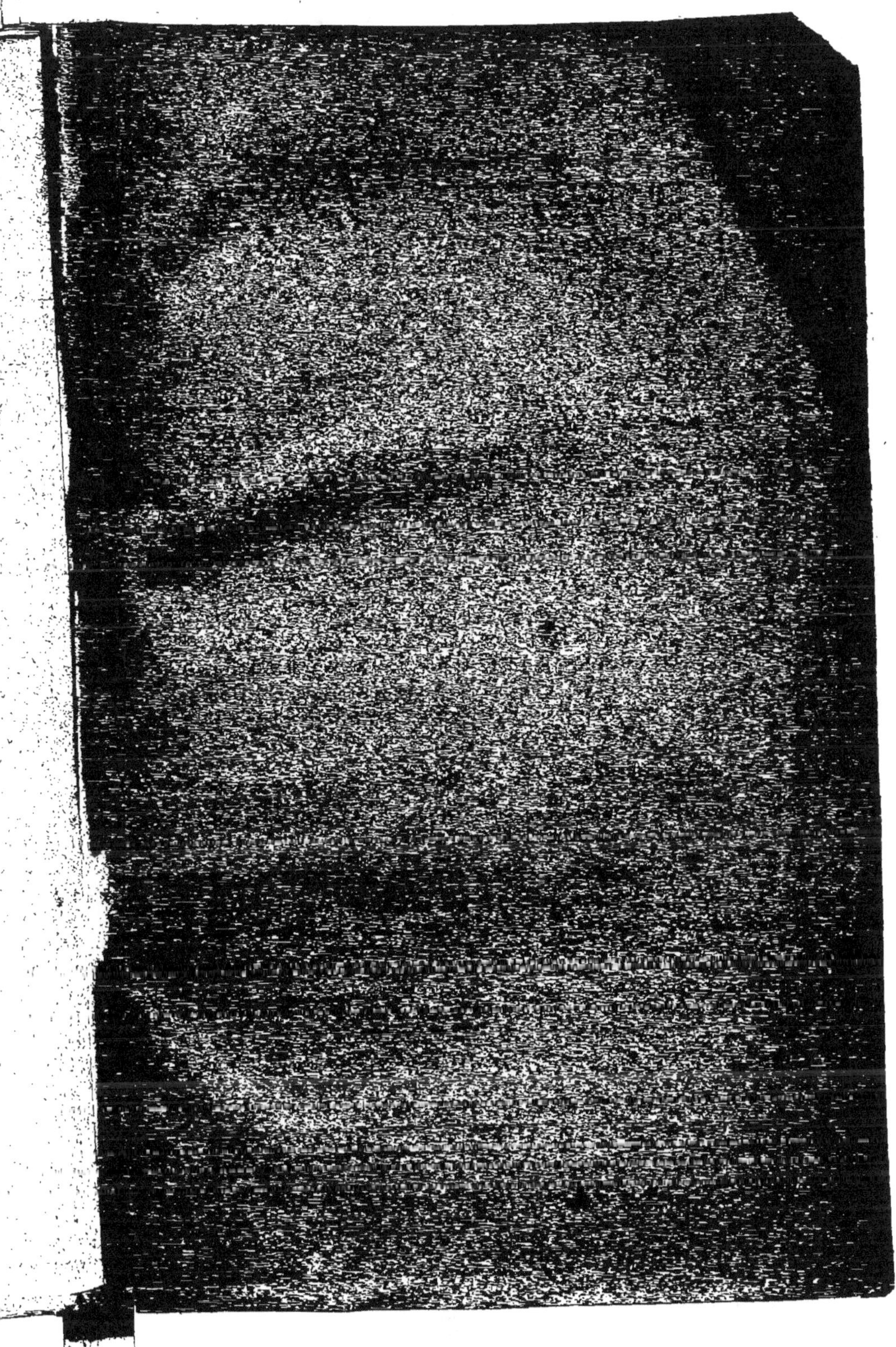